Mis Poemas

Mis Poemas

Reflexiones de mi Juventud

Jorge Rojas-Brassetti

Introducción

Mientras miraba mis viejos papeles, encontré una carpeta llena de poemas que escribí durante mi juventud. Son un reflejo de esos años locos de mi vida. Estaba listo para deshacerme de ellos, pero no pude hacerlo, así que decidí guardarlos en este pequeño libro.

Yo me siento mejor salvándolos. Es una parte de mí mismo que escribí hace muchos años cuando mi joven vida tomó muchos giros que entonces parecían muy dramáticos. La mayoría de ellos están escritos en español, que es mi lengua materna, sólo escribí dos en inglés.

¡Espero que algún día alguien los lea y entienda los sentimientos que me obligaron escribirlos!

Agradecimiento

Mi más sinceras gracias a María Teresa Morfín Garcinava por su amistad y su ayuda en la revisión de este manuscrito.

Dedicatoria

Para Ángela, el amor más grande de mi vida. La mujer que ha iluminado mis días y velado mis noches por cuarenta y siete años y a la que amaré hasta la eternidad.

Contenido

Este poema lo encontré en mi "Libro del Bebé". Mi madre lo guardó y escribió que tenía yo siete años cuando lo escribí. ¡No tengo idea de lo que estaba pensando! Pero probablemente fue mi primer poema.

El Lobo Faquir

~1955

El varón que tiene corazón de pis
Lengua de querube, boca de hablador
Es el niño tonto que se hace la pis
Junto al lobo tonto que come perdiz

Oh lobo perverso, o yo te conjuro
Que dejes el verso
Y te fumes un puro

Y si con el humo no te has asfixiado
Échate unos pedos pa' morir ahogado

Y si ya con eso no puedes morir
Oh lobo perverso,
¡Eres un faquir!

Probablemente este fue mi segundo intento a escribir algo. Esta se supone que iba ser una canción. Yo estaba influenciado por la ola Inglesa y los Beatles y estaba organizando una banda de rock. No tengo idea de dónde salió el título; pero la escribí en Ingles.

TEMAE

~1965

Riding a horse along in the sky
Looking for someone to love
Nobody cared when she was on earth
Until she came, riding alone

Peace in the skies
Faith in her heart
Love in the clouds
She is looking for...

Wondering about the hole in her heart
Trying to make me understand
I never cared about what I felt
Until I make her soul die

Please understand
Try to forget
Love always stays
Out of my mind...

I'll be in the sky someday
She will understand my prayer...

Carta a Mis Padres
El día de mi Examen Professional

Noviembre 1973

Hace 25 años, despegó al espacio de la vida
Un pequeño y enclenque avioncito,
Pero dentro de su pequeñez
Contaba con dos grandes cosas:
Un poderoso motor y dos amplias alas.

Voló primero entre nubes de algodón,
Más tarde le tocaron lluvias y también días soleados,
Otras veces altos picos y vastas llanuras;
Falló algunas veces, pero acertó en otras
Siempre impulsado por sus dos tesoros

Ahora se acerca a una escala muy importante
En el viaje de su vida, y es cuando
Más necesita de su motor y sus alas
A quien debe todo su vuelo.

Sabe que ya puede planear solo
Pero quiere compartir con ellos
La felicidad de haber llegado a una meta,
Quiere por primera vez darles algo suyo;
Insignificante comparado con lo que ha recibido
Pero al fin y al cabo algo suyo.

¿Quieren acompañarme a mi examen?

Cuatro Rimas sobre un Mismo Tema

1967

I

Ayer fue dos soledades
Hoy una gran compañía
Antes, una pena amarga
Hoy una dulce ironía

II

El tú y el yo es nosotros
Dejo de ser egoísta
Lo que antes fue paralelo
Hoy es de un triángulo arista

III

Dos caminos que hacen uno
Un solo andar por la vida
Buscar un techo o ninguno
Sin retornar, una huida

IV

Ser el uno y ser el otro
Y el otro ser uno mismo
Aprendiendo a ser nosotros
Nosotros sin egoísmo

Eso es Belleza

Marzo 1968

En todo lo que emprendas en la vida
Trata de poner el corazón entero
Más nunca pienses recibirlo luego
Pues nunca le será en igual manera

Podrás ser tu siempre sincero
Podrás saber que existe la belleza
Pero sabrás también que lo que tú hace bello
Los demás lo convierten en tristeza

Busca pues la respuesta a todo ello
En dar sin recibir, ¡Eso es belleza!

RIMAS SIN RAZON

RIMA I

Marzo 3, 1969

Me veo y solo pienso en esconder mi alma,
Me veo y solo quiero desgarrar mi carne,
Solo encuentro en mi interior vacío,
Que a pesar de ser hombre... no soy nada.

RIMA II

Febrero 1970

Que aunque lejos muy lejos nos hallemos
Vivamos siempre con el pensamiento unidos
Y que así con el alma nos besemos
Aunque enterarse no puedan los sentidos

RIMA III

Octubre 21, 1971

Hay en nuestro corazón una semilla
Fue regada con amor y germinó
Mañana será dejada en el olvido
Y diremos simplemente ¡se perdió!

RIMA IV

Como quisiera besar tus labios rojos
Santuario sagrado donde vive tu alma
Como quisiera llegar tan cerca de tus ojos
Que pudieras sentirme en tu mirada

RIMA V

Yo no quise matarte vida mía
Yo no quise inspirar en tu cabeza
Las horribles ideas que te llevaron
A realizar tan trágica proeza

RIMA VI

Estoy yo frente a tu casa
Y no sé qué hago yo aquí
Pero me siento feliz...
¡Porque estoy cerca de ti!

RIMA VII

Mayo 23, 1971

Poco a poco te estás acercando
Pero mientras más te acercas
Mi alma se va alejando
Pues sufre con tu presencia

RIMA VIII

Mayo 23, 2971

Cuarenta días han pasado
Desde que tú no eres mía
Cuarenta que son cuatrocientos
Pues se hace diez cada día

RIMA IX

Noviembre 17, 1973

Yo no soy hombre del mundo,
Ni existo en la soledad;
Soy artista, poeta, músico;
ʕMi ambiente?..... La Soledad

Hope

Mayo 9, 1971

When the sun rises tomorrow,
And I'll be on my bed sleep,
Maybe I'll awake with a kiss...
A kiss that will break my sorrow

Parece que fue ayer

1969

Parece que fue ayer;
Cuando cerca, muy cerca de mis labios
Murmuraste palabras tan hermosas
Que ni aromas, ni pétalos de rosas
Pudieran parecer...

Parece que fue ayer;
Cuando yo me arrastraba ante tus plantas
Pidiéndote un beso, una mirada
Que me diera en la vida tan amada
Una razón de ser...

Parece que fue ayer;
Pero de eso ya hace muchos, muchos años
Y ahora nos miramos como extraños
Recordando tal vez aquel cariño
Que nunca pudo ser...

Interiores

Febrero 22, 1969

Dentro de un alma llena de vacío
Frágil, desalentable y sideral
Flotan aquellas lágrimas que un día
Derramamos lentamente sin llorar

Dentro de un cuerpo de carnes desgarradas
Lleno de odios, penas y rencor
Vagan pasiones ardientes, quebrantadas;
Por un lecho de sangre y de dolor

Dentro de nuestros cráneos ahuecados
Sumidos en un océano de estupor
Solo quedan cenizas del pasado
Solo quedan recuerdos de un amor

Me miras y me preguntas ¿Si ha acabado?
Yo sin mirarte pregunto. Si empezó.

A.......

Y así fue…
Visité lugares muy hermosos
Lugares que un día me parecieron
A tu lado, como el sol, maravillosos

Pero esas flores antes sonreían
Y esos paisajes a quien diste vida;
No fueron ya sin tu presencia
Más que áridos jardines en mi vida

Recorrí aquellos caminos…
Que recorrimos juntos algún día
Buscando hallar en ellos la alegría
Que juntos, mano a mano, compartimos

Pero no hubo caminos, ni alegría
Ni sol, ni luz, ni árboles, ni flores
Ni una mano que al tomar la mía
Convirtiera mi tristeza en ilusiones

Era un viernes santo y en mi mente
Resonaban aquellas oraciones
Que tu madre, en tu casa, nos leía
Al recordar de Cristo sus pasiones.

Pero ya no era igual, pues a mi lado
No estaba ya la mujer que a mi alma daba
La fuerza para creer en lo sagrado
Y dudé, no pude creer en un Dios que separaba

Que separaba, si, y que mataba
Nuestra casa, nuestros hijos, nuestra vida
Que eran sueños si, mas no mentira
Pues estaban construidos en nuestra alma

Y si esa alma era del Dios, que yo creía
Era todo bondad, paz y alegría
No pude creer que el destruyera
Lo que el mismo dejó formarse un día

Y lo negué…
Negué completamente su existencia
Y al negar la de él, negué la mía
Pues sin ti, mi amor, ya no era vida
Lo que el mudo llamaba mi existencia

A.......
(Carta Abierta)

Diciembre 12, 1971

Mi vida:

Perdóname por llamarte así, preciosa
Pero es como mi corazón empieza apenas
A acostumbrarse a llamar de otra manera
A quien por más de tres años fue su estrella

Estos versos son tuyos, vida mía
Tú fuiste la inspiración que dio a mi pluma
La decisión para escribirte, una a una
Las palabras que mi corazón decía

Tal vez al leerlos serás indiferente
Pero tal vez te causen alegría
A tal vez te burles o te rías
O quizá al sentirme lejos estés triste

Guárdalos en un rincón, si quieres
Y al pasar de los años que los leas
Y vuelvas a recordar viejos amores,
¡Tú sabrás si los rompes o los besas!

¿Crees que ya te Olvidé?
(Ya Era Tarde)

Abril 8, 1971

¿Crees que ya te olvidé?
Que equivocada estas, si así lo piensas
Conozco cada instante de tus horas;
Horas que al pasar se hacían inmensas

He velado tu sueño, desde lejos
Me has hecho feliz cuando reías
He estado muy triste, si estás triste
Y he llorado contigo, si sufrías

También supe cuando en tus locos desvaríos
Dudaste que camino escoger, amada mía
Tus amargos momentos hice míos
Y llegue a sentir lo que sentías

Quise yo ensenarte el porqué de amarse
Trate yo de mostrarte tu camino
Y no pude ayudarte, ¡Ya era tarde!

Olvidar

Abril 28, 1971

Olvidar,
Como si se pudiera...
Olvidar que se ha nacido

Olvidar,
Como quien quiere...
Borrar lo que ha vivido

Olvidar, puede ser fácil,
Para ti, mujer...
Pero no para mí
Que te he querido

Vibraciones

Abril 28, 1971

Oscuridad, olvido, agonía...
Que ahora llenan la copa de mi vino,
Oscuridad, olvido, agonía...
Dichoso néctar que encuentro en mi camino

Yo no lo pedí, lo sé,
Llegó como ampolleta disecada
Que mis venas impregnó
De triste y melancólica mirada

Nubló mi sentimiento y mi razón
Y bajando como árida cascada
Fue matando mis células cebadas
Llegó a mi corazón y lo absorbió

Pobre de ti

Abril 28, 1971

Es difícil decidir...
Cuando uno tiene una vida
Y dos caminos que seguir

Es difícil decidir...
Cuando son polos opuestos
Los que se tienen al fin

Lo que el cerebro rechaza
El corazón dice: ¡sí!...
La razón dice: ¡adelante!...
El sentimiento: ¡hasta aquí!

Si tú te encuentras en esto
Y no sabes que decidir
Te diré lo que yo siento:
¡Pobre, pobre de ti!

Definición

Abril 15, 1971

¿Qué es amar?
> Preguntas intrigada

¿Qué es amar?
> ¿Preguntas tu mi amada?

Mil poetas con sus versos
> Han querido definirlo

Han usado mil palabras
> En mil frases sin fin

Pero ni con mil palabras
> Multiplicada por mil

Podrán decir que es amar
> No lo podrán definir

Porque yo sé que es amar
> Y no se puede escribir

Amar no es una palabra
> ¡Amar es tenerte a ti!

Por Ellas...

Junio 15, 1971

Hace ya algún tiempo y desde el cielo
Dos almas de niño esperando miran;
A que realicemos pronto nuestro anhelo
Y con gran ternura, nuestro amor, lo cuidan

Son ellas las que cuando enfadadas;
Se meten en tu alma y con débil tonada
Dicen a tu oído:
¡Mami no lo hagas!

También cuando yo en mis horas de tedio
Veo largo el camino y la meta lejos;
Me van platicando y me dice quedo:
¡Se fuerte, papito, tú puedes vencerlo!

Por ellas vivimos, por ellas amamos
Y por ellas vamos ya sobre el camino
Porque comprendemos que se acerca el día
En que esas dos almas serán nuestros hijos...

Thoughts

Mayo 4, 1971 3 AM

I

Baby you are not gone
Baby you are not lost
Baby you will come
You will come again to me

II

Maybe you are only
In a long, long trip
But you know that I am lonely
And you will return to me

III

'Cause I know your heart is feeling
A big love, like mine is now
Cause I know you have the feeling
That I am a part of you

IV

And you are a part of me
The part that makes me live
You're like a heaven's wind
Which comes and gives life to me

V

You shall look up to the moon
And you'll miss my love, I know
And I feel, you will return
Before the moon disappears

Preguntas

Mayo 2, 1971

¿Como puedes besarme como tú me besas
Y luego negar que sigues siendo mía?
¿Como quieres decir que no me quieres
Mientras tiemblan tus manos en las mías?

¿Como es posible que digas que me extrañas
Y piensas en mí, que te hago falta;
¿Y no corras a buscarme, cuando sabes
Que vivo esperando ansioso a que lo hagas?

Quisiera yo poder entrar en tu cerebro
Y dar respuesta a todas mis preguntas
Saber, ¿por qué?, si tú me amas
Niegas esa pasión y me la ocultas

¿Qué Hago Aquí?

Mayo 8, 1971

¿Qué hago aquí?
No sé,
Pero aquí estoy
Parado frente a tu casa
Como un tonto tal vez
Pero eso sí, cerca de ti

Tal vez ahora estés durmiendo
Tal vez no sepas quien soy,
Pero tal vez en tus sueños
Te acuerdas de mí,
Y estoy
¡Feliz porque estoy aquí!

Fracaso

Abril 30, 1971

Fenotipo lleno de virtudes,
Tejido subcutáneo bien dispuesto
Eso es tu soma y sus aptitudes
Las de hacer gozoso lo modesto

Yo conozco tus glándulas mamarias
Y a través de sus túbulos lechosos
Escuché el latir de tu miocardio
Al sentir el estímulo amoroso

Llegamos a un orgasmo fervoroso
En nuestro coincidir de diferencias,
Provocando en tu útero animoso
Contracciones y aumento de turgencia

Pero todo fue inútil, fue imposible
La impregnación de tus células sexuales
Todo quedo en un momento inolvidable
Grabado en mis neuronas memoriales

Anatomía de un Retrato

1972

Compuesto con todo mi amor para la más bella y cariñosa de las mujeres, para ti mi vida, como un tributo a toda la felicidad que me has dado. Sé, que hay muchos errores en sus rimas y en su forma, pero espero que entiendas lo que quieren decir; porque en cada una de sus palabras hay un poco de mí.

Tu retrato, erguido sobre mi cama, Como un ángel guardián, parece decirme con voz callada "duerme tranquilo vida mía", al mismo tiempo que dirige sus ojos hacia mí y me ve con dulzura.

Tu piel parece nácar con reflejos de luna
Tu pelo dos cascadas que bajan sin cesar
Bañando con su gracia las formas de tu cara
Que su lugar debiera tener en un altar

También hay dos luceros, que iluminan mi vida
Dos fuentes de cariño, de ternura y amor
Dos ojos que recuerdan, al mirar como miran
Los ojos de la madre de nuestro redentor

Puedo ver en tus labios la sonrisa de un ángel
Que vela por las noches con ternura mi sueño
Y en tus dientes el brillo singular de las perlas
Que adornar de la Virgen merecieran el cuello

Veo en ti mi camino, veo en ti mi razón
El principio de todo, mi existencia mi luz
Y al mirarte a los ojos que son puertas de tu alma
Al mirarte a los ojos, ¡Veo en ellos a Dios!

Sí

1972

Habrá que recorrer aún un camino
Lleno de espinas, tristeza y de dolor
De muchas otras cosas ¡Qué sé yo!
Pero al final de ese camino habrá una meta
Que me he trazado yo
Y llegara ese día que hemos soñado
¡En que digamos "Sí" los dos!

Semillas

1972

Mi vida, hay distancias que empequeñecen cariños
Pero también cariños que acortan las distancias;
Hay algunos amores que con el tiempo marchitan
Pero hay otros que florecen y dan frutos y vida

Recuerda que para el nuestro
No hay tiempo ni distancia
Que flores ha dado muchas
Y a sus semillas la vida

A...

Abril 14, 1971

Hoy doce de abril, todo ha acabado en mi vida,
Hoy supe por fin la decisión que tomaste
Sé que, aunque no lo has dicho, para mí ya estas perdida
Y que el amor que te di, por otro ya lo cambiaste

Y digo otro, no otro amor, como debiera decir
Pues el amor no se compra, como te han comprado a ti
Amor es darse uno mismo, sin esperar recibir
Dar el corazón entero, como te lo he dado a ti

El dinero puede dar, mil cosas, no es de dudar
Joyas, regalos. Flores o "gallos" o "ir a bailar"
Pero hay solo una cosa que tú debes de pensar
Por más dinero que sea, no da la felicidad

Puede el dinero cambiar las cosas en su apariencia
Hacer lo feo como bello y lo malo como bueno
Pero este falso cambio, solamente es temporal
Y a veces cuando uno piensa ya es tarde para pensar

Algo puedo yo decirte, sin de egolatría pecar
Por tres años sin dinero, te he dado felicidad
En tres años te he entregado, todo lo que puedo dar
Y juntos los dos luchamos por lo que había de luchar

Ahora tú ya no luchas, ni tendrás ya que luchar
Tendrás tu casa tu ropa, con solo en ello pensar
No harás ya sacrificios, todo te lo han de dar
Con el dinero se goza y yo sé que vas a gozar

Pero llegara el día en que te habrás de acordar
Que cuando más tú gozaste, fue cuando hubo que luchar
Que el comprar todo, es hermoso, pero nunca como amar
Que el dinero te dio todo, pero no felicidad

Dos Manos

Octubre 29, 1971

Dos manos...
Una delicada, tersa y bella
Otra, curtida ya por el trabajo

Dos manos...
Una débil, llena de ternura
Otra, fuerte y llena de pasión

Dos manos...
Que al unirse forman una sola
Una sola mano, un corazón

Dos manos...
Que no pueden separase una de la otra
Que sean una simbiosis, un amor

Dos manos...
Nuestras manos, tuya y mía
Nuestras vidas, nuestro amor

¿Por Qué?

Octubre 29, 1971

¿Por Qué
He de tenerte tan cerca y no eres mía?
¿Por Qué
He de estar a tu lado sin tocarte?
¿Por Qué
Si tus manos buscan a las mías
No pueden mis manos estrecharlas fuerte?

¿Por Qué
He de evitar tu mirada si la ansío?
¿Por Qué
No he de mirarte si lo estoy deseando?
¿Por Qué
No puedo reflejarme yo en tus ojos
Y beberme la luz que de ellos mana?

¿Por Qué?
Tal vez porque lo quiso así el destino
¿Por Qué?
Tal vez porque Dios así lo quiso
¿Por Qué?
Porque dicen que lo que es un sueño
No puede ser realidad si es tan divino

Acrósticos

Octubre 29, 1971

Aunque tú no lo quieras
Mientras seas así,
Pensare en ti
Aunque tú no lo quieras
Recordare tu nombre
Olvidándome a mí

Noviembre 9, 1973

Mil veces había buscado
Alguien a quien yo querer
Recorrí tierra y montañas
Islas y mares también
Consideré mil mujeres
Reconociendo que en ti
Únicamente encontré
Zapato de mi medida

Plegaria

Noviembre 15, 1973

En el bullicio del nervio,
Fruto de la gran ciudad
Busco a mi angustia el remedio:
Dos horas de soledad

Busco entre toda la gente,
Que forma la sociedad
Y no hay quien pueda ofrecerme:
Dos horas de soledad

Ando tras mi propia alma,
Que necesito: Pensar
¿Como pensar si no tengo:
Dos horas de soledad?

¡Dios Mío! Dame tan solo
Dos horas de soledad
Y si crees que pido poco
Dame: Una eternidad...

43

Si Me Quieres...

Noviembre 15, 1973

Si me quieres, amor no me lo digas
Déjame ver tus ojos
Que hablan con más sabiduría;
Déjame ver tus ojos
Que son las puertas de ti, alma mía

Si me quieres, amor, no me lo digas
Tócame con tus manos
Déjame sentir el calor de tus caricias;
Tócame con tus manos
Ellas, sabrán decirme la noticia

Si me quieres, amor, no me lo digas
¡Mírame!, ¡Tócame!
¡Déjame sentirte vida mía!

El Matrimonio

Noviembre 15, 1973

El matrimonio es algo;
Que visto desde afuera es uno
Y visto desde adentro; dos

Noche

Noviembre 17, 1973

Noche que arrastras tu capa, cuajada de diamantina
Y que viertes sobre el mundo, la oscuridad más
genuina;

Dime noche, si es hermoso, ser reina de la tiniebla
Saber que cuando tú mandas, hasta el más valiente
tiembla;

Saber noche, que eres buena, pero que te piensan
mala
Que eres virtud y que al vicio siempre te encuentran
ligada;

Dime tú que a la vez eres, la poderosa y la humilde;
Dime tú, tú que lo eres ¿Como vivir es posible?

Siendo buena y siendo mala, siendo luz y siendo
sombra,
Siendo risa y siendo llanto, siendo techo y siendo
alfombra.

Dime

Octubre 30, 1973

Dime si tú sabes, lo que es el amor
¿Es acaso una angustia infinita,
O una eterna tranquilidad?

Dime si tú sabes, lo que es el amor
¿Es tal vez una inmensa alegría,
O una sostenida felicidad?

Dime si tú sabes, lo que es el amor
¿Quizá es sentir una pena de ausencia,
O quizá la confianza de un retornar?

Dime si tú sabes, lo que es el amor
Dime si lo sabes, dime si lo entiendes
Pues no sé explicarte lo que siento yo

Compañía

Octubre 7, 1973

Solo siempre solo,
  Como el mundo en el espacio
Rodeado de estrellas;
  Más sin ser una...

Solo siempre solo,
  Como una gota en el mar
Envidiando a la espuma;
  Pero siendo agua

Solo siempre solo,
  Preso por un enjambre de ideas
Tradiciones, leyes;
  Y sin poderse soltar

Solo siempre solo,
Aunque viva acompañado
De mi propia soledad

Sueño

Octubre 10, 1973

Hoy he soñado contigo
        Y sé que existes,
He visto tus manos
        Llenas de ternura
Y tu corazón
        Lleno de amor
He sabido que vives
        Que estás cerca,
Que no eres un imposible
        Que eres real,
Que significas todo
        Que eres la verdad
Tal vez has estado
        Al alcance de mi mano
Tal vez mi camino
        Lo has cruzado ya,
Tal vez hoy
        Tal vez mañana
No seré yo quien te busque
        Ni tú quien me ha de buscar
Estamos en la vida
        Estamos juntos
Algún día Él
        Nos ha de presentar

Un Imposible Poema

Abril 27, 2002

Para mis Padres en sus sesenta años de casados

Quise escribir un poema
Pa' celebrar la ocasión
Sesenta son muchos anos
Más de muchos un montón

Quise escribir un poema
Como los que hace Mamá
Como poner en palabras
Todo lo que sienta acá

Después de veinte y siete años
De no hablar el español
No pude encontrar las frases
Para describir su amor

Este amor que comenzara
Allá en el cuarenta y dos
Y de hoy de cuatro frutos
Tiene ya treinta y dos

Treinta y dos, que están reunidos
En esta gran ocasión
Pa' celebrar una vida
De lucha y abnegación

Una madre como no hay otra
Y un padre muy luchador
Unidos, y mano a mano
Invencibles sin cuestión

Como encontrar las palabras
Para decir... "Gracias Mami"
Por enseñarme que en todo
Hay belleza y hay amor

Como decir... "Gracias Papi"
Por darme mi educación
Y enseñarme que el trabajo
Siempre da satisfacción

Pero pues no pude hacerlo,
El inglés se atravesó
Y los versos no rimaban
La métrica no funcionó

Así que... "Gracias por todo"
Fue lo que se me ocurrió
Pero hacerles un poema
Pues la verdad... no salió.

El Último Poema

2021

Cuando uno se da cuenta
Que el tiempo adelante es muy corto
Y el pasado, ya es pasado;
Es hora de reflexionar

Fue la niñez inocente
Llena de lindos recuerdos
De una madre abnegada
Y un padre trabajador

Los años de juventud
Fueron los de aprendizaje
Hubo amores y aventuras
También derrotas y dudas

Crecimos a ser adultos
A aprender y trabajar
La vida nos mandó muchos
Obstáculos que franquear

Y los superamos todos
Y tal vez sin buscar
Encontramos la pareja
Y un mundo por conquistar

Luego vino la familia
Y los hijos a educar
Mi esposa fue la maestra
Y yo fui el proveedor

Les regalamos sus alas
Para aprender a volar
Y volaron por si mismos
Y dejaron el hogar

Hoy ya tienen sus parejas
Y sus vidas y su hogar
Y al continuar en su viaje
Más frutos nos han de dar

La vejez nos ha llegado
El tiempo no ha de parar
Dicen que estoy retirado
Que ya no sirvo pa' más

Nadie sabe cuánto tiempo
Nos queda para vivir
Así que hay que disfrutarlo
Y ni pensar en morir

Ya con esta me retiro
Como dice el buen refrán
A lo mejor algún día
Alguien mis versos leerán

Biografía del Autor

Este es el tercer libro del Dr. Rojas-Brassetti. Aunque él ha escrito un sinnúmero de artículos científicos y un capítulo en un texto médico, ahora, retirado de la medicina se ha dedicado a escribir acerca de las experiencias de su vida. Este es su tercer libro. Una colección de poemas, la mayoría escritos durante su adolescencia. El Dr. Rojas se retiró de la medicina después de cuarenta años de práctica. Hoy es esposo, padre, abuelo, músico y ávido jinete. Este libro es literalmente una reflexión de los años de su juventud. Nacido y criado en la Ciudad de México, ha vivido en los Estados Unidos por cuarenta y siete años. Actualmente reside con su familia en el estado de Tennessee.

El autor:

Jorge Rojas-Brassetti, MD

Este es el tercer libro publicado por el Dr. Rojas. Es una colección de los poemas que escribió durante su juventud en México. Es una parte de su vida escrita hace muchos años cuando su joven vida tomó muchos giros que entonces parecían muy dramáticos. La mayoría de ellos están escritos en español, que es su lengua materna.

ISBN 9780578866970

90000

9 780578 866970

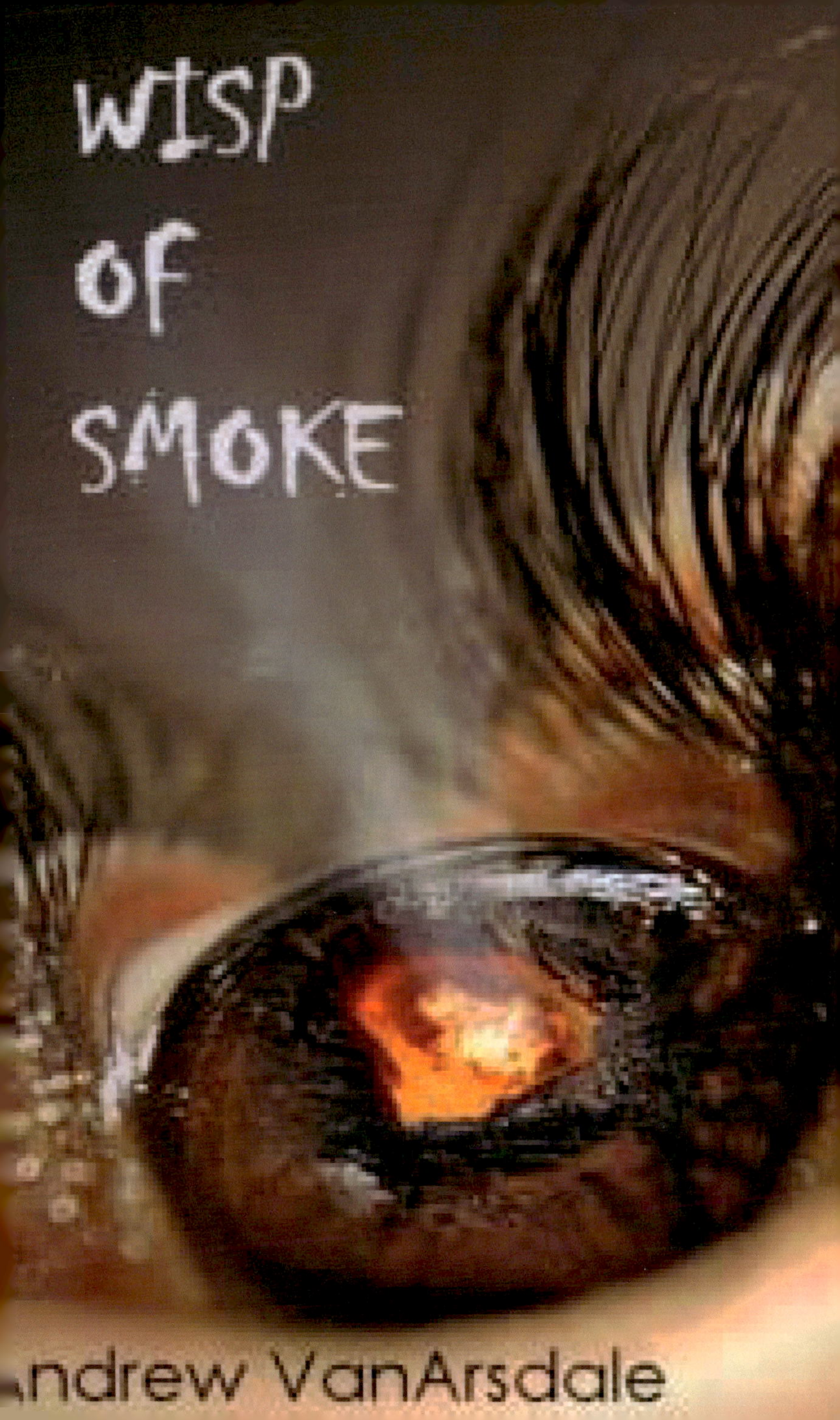
WISP
OF
SMOKE
ndrew VanArsdale